Predecir terremotos

Kristy Stark, M.A.Ed.

✳ Smithsonian

T0027065

Autora contribuyente

Allison Duarte, M.A.

Asesores

Tamieka Grizzle, Ed.D.
Instructora de laboratorio de CTIM de K–5
Escuela primaria Harmony Leland

Benjamin Andrews
Director
Programa de Vulcanismo Global

Créditos de publicación

Rachelle Cracchiolo, M.S.Ed., *Editora comercial*
Conni Medina, M.A.Ed., *Redactora jefa*
Diana Kenney, M.A.Ed., NBCT, *Directora de contenido*
Véronique Bos, *Directora creativa*
Robin Erickson, *Directora de arte*
Seth Rogers, *Editor*
Caroline Gasca, M.S.Ed., *Editora superior*
Mindy Duits, *Diseñadora gráfica superior*
Walter Mladina, *Investigador de fotografía*
Smithsonian Science Education Center

Créditos de imágenes: portada (izquierda), pág.1 (izquierda) Mariano Blanco/
Shutterstock; portada (derecha), pág.1 (derecha) Dutourdumonde Photography/
Shutterstock; pág.7, pág.10 dominio público; pág.9 Solent News/Splash News/
Newscom; pág.11 SSPL/Getty Images; pág.13 (inferior) U.S. Geological Survey/MCT/
Newscom; pág.14 Belish/Shutterstock; pág.16 (izquierda) Kim Hong-Ji/Reuters; pág.19
(superior) José Antonio Peña/Science Source; pág.19 (inferior) OBJM/ Shutterstock;
pág.20 (izquierda) David Cheskin/PA Images a través de Getty Images; pág.20
(derecha) Will & Deni McIntyre/Science Source; págs.21–22 Francois Gohier/VWPics/
Newscom; pág.24 (derecha) River North Photography; pág.25 Ariyaphol Jiwalak/
Shutterstock; pág.27 (superior) Lakeview Images/Shutterstock; todas las demás
imágenes cortesía de iStock y/o Shutterstock.

Library of Congress Cataloging-in-Publication Data

Names: Stark, Kristy, author.
Title: Predecir terremotos / Kristy Stark, Smithsonian Institution.
Other titles: Predicting earthquakes. Spanish
Description: Huntington Beach : Teacher Created Materials Publishing,
  [2020] | Includes index. | Audience: Grades 2-3
Identifiers: LCCN 2019035367 (print) | LCCN 2019035368 (ebook) | ISBN
  9780743926997 (paperback) | ISBN 9780743927147 (ebook)
Subjects: LCSH: Earthquake prediction--Juvenile literature. |
  Earthquakes--Juvenile literature.
Classification: LCC QE521.3 .S718418 2020 (print) | LCC QE521.3 (ebook) |
  DDC 551.22--dc23

Teacher Created Materials

5301 Oceanus Drive
Huntington Beach, CA 92649-1030
www.tcmpub.com

ISBN 978-0-7439-2699-7

Contenido

Tiembla la tierra

Estás en tu cama completamente dormido. De pronto, la cama empieza a sacudirse. Miras a tu alrededor para ver si tu perro se subió a la cama. Se caen unos libros del estante. Oyes vibrar las ventanas. Finalmente te das cuenta: ¡es un terremoto!

¿Qué causa los terremotos? La mayoría de los terremotos ocurren a lo largo de las grietas, o fallas, de la corteza terrestre. La lava fundida que está debajo de la corteza hace que se muevan y se desplacen unos bloques enormes de tierra llamados **placas tectónicas**. Algunas de estas placas se deslizan junto a otras. Otras chocan entre sí. Otras se mueven en direcciones opuestas. Cuando una placa se desliza sobre otra placa o choca contra ella, se produce mucha energía. Cuando se acumula demasiada energía, se tiene que liberar. La liberación de energía es lo que hace temblar la tierra.

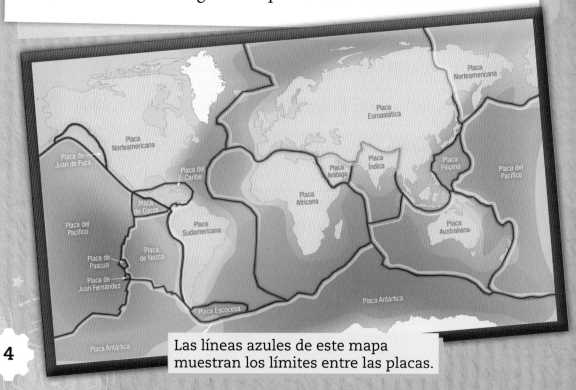

Las líneas azules de este mapa muestran los límites entre las placas.

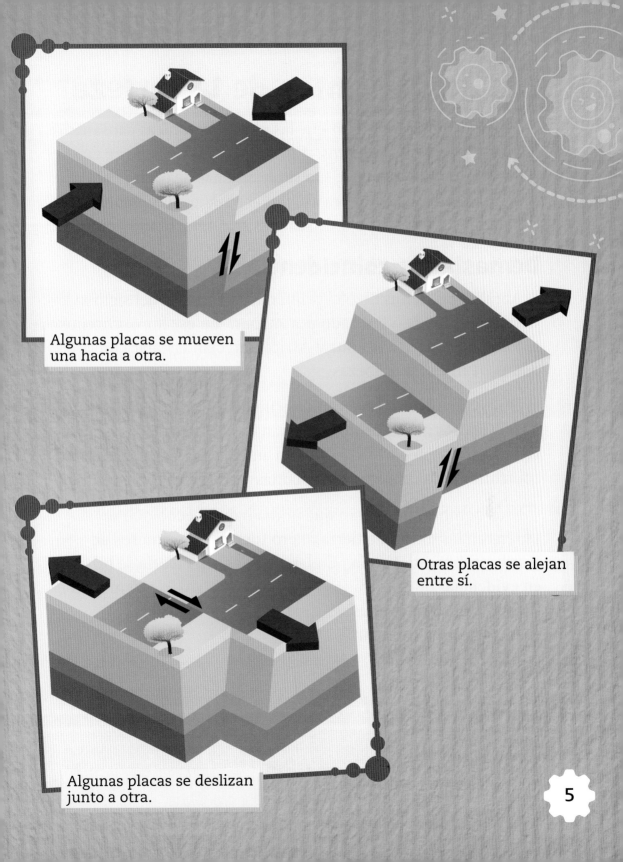

Algunas placas se mueven una hacia a otra.

Otras placas se alejan entre sí.

Algunas placas se deslizan junto a otra.

Los movimientos de la corteza

Hoy los científicos saben que las placas tectónicas causan la mayoría de los terremotos. Estas placas están siempre en movimiento. Chocan entre sí o se alejan unas de otras. Pero no siempre se supo que esto era así. En el pasado, las personas no creían que la tierra debajo de sus pies se estuviera moviendo.

Demasiadas coincidencias

Abraham Ortelius hizo el primer atlas a finales del siglo XVI. Un atlas es un libro formado por mapas. En ese libro, Ortelius señaló que América del Sur y África parecían encajar como piezas de un rompecabezas.

Otros científicos estuvieron de acuerdo. Buscaron más pistas de que las dos masas de tierra habían estado conectadas alguna vez. Algunos encontraron rocas en ambos lugares que parecían coincidir. Otros encontraron plantas y animales similares.

Esos hombres no sabían qué podía haber hecho que se separaran las masas de tierra. Pero fueron los primeros en escribir sobre esta **teoría**. En las ciencias, una teoría se basa en evidencias que indican por qué sucede algo. Llevó mucho tiempo hallar suficientes evidencias para cambiar la opinión de los demás.

América del Sur y África parecen encajar como las piezas de un rompecabezas.

Abraham Ortelius

CIENCIAS

La estructura de la Tierra

La Tierra tiene varias capas. La *corteza* es la capa que está más arriba. Incluye las masas de tierra y los océanos. La capa que está debajo de la corteza es el *manto*. El manto está formado por roca muy caliente. La parte de arriba de esta capa está parcialmente derretida. Debajo está el *núcleo externo*. Está hecho de hierro y níquel derretidos. El *núcleo interno* es la capa más profunda. Está compuesta de hierro y níquel en estado sólido.

Pasaron doscientos años. En 1799, Alexander von Humboldt fue a América del Sur. Halló rocas en la costa este que se parecían a las rocas de la costa oeste de África. Él también creía que las dos masas de tierra habían estado unidas en algún momento.

Otros exploradores hallaron pistas que apoyaban esta idea. Encontraron especies de animales similares en América del Sur y África. También encontraron fósiles de las mismas especies en ambos lugares.

Debajo del mar

Ya a fines de la década de 1960, la mayoría de los expertos creían que todas las masas de tierra del planeta habían estado unidas en el pasado. Pero no estaban seguros de cómo o por qué eso había cambiado. W. Jason Morgan y Dan McKenzie creían que la Tierra estaba cubierta por bloques de roca, o placas, gigantes. Creían que, en el pasado, los bloques habían estado unidos como en un rompecabezas. Pensaban que los bloques se movían en muchas direcciones. Con el tiempo, las placas se habían apartado unas de otras.

rocas de la costa este de América del Sur

rocas de la costa oeste de África

Unos buzos nadan en el límite entre dos placas en Islandia.

Las placas tectónicas se mueven de 2 a 5 centímetros (1 a 2 pulgadas) por año. Esa velocidad es similar a la rapidez con que crecen las uñas.

Los instrumentos adecuados

Los científicos que estudian los terremotos se llaman **sismólogos**. Tratan de predecir cuándo ocurrirá un terremoto. Usan instrumentos y máquinas especiales para hacer su trabajo. En realidad, se han investigado los terremotos con instrumentos y aparatos ¡durante casi 2,000 años!

Sismoscopio

El primer aparato conocido que se usó para detectar terremotos fue fabricado en 132 d. C. por Zhang Heng. Zhang estudiaba astronomía, geografía y matemáticas en China. Su **sismoscopio** era como una jarra grande hecha de bronce. Parecía más una obra de arte que un instrumento científico. Había ocho dragones que sobresalían de la jarra. La boca de cada dragón tenía una bola de bronce. Unos sapos de bronce estaban ubicados alrededor de la base de la jarra. Cuando la tierra temblaba, la boca de uno de los dragones se abría. La bola caía en la boca de uno de los sapos. El sonido de la bola al caer anunciaba que había ocurrido un terremoto. Se podía saber de qué dirección venía el terremoto según la bola que se había caído.

dibujos del interior del sismoscopio

modelo del sismoscopio de Zhang Heng

Forma y función

En el arte y el diseño, la *forma* es la apariencia y el formato de un objeto. La *función* es el uso que se da al objeto. El aparato de Zhang combinaba forma y función. La forma del instrumento era agradable a la vista. Estaba diseñado como una escultura hermosa. Pero este instrumento también tenía un propósito. Los dragones, los sapos y las bolas de bronce, más allá de su belleza, cumplían una función. El instrumento demostró ser preciso para detectar terremotos.

El instrumento de Zhang era preciso y **sensible**. Un día, en el año 138 d. C., cayó una bola. Pero nadie sintió el temblor. Algunos pensaron que el aparato no funcionaba bien. Pronto cambiaron de opinión. Unos días después, llegó un mensaje que decía que un terremoto había sacudido la provincia de Gansu. Esa región estaba a 644 kilómetros (400 millas) del instrumento.

Más adelante, se reemplazaron las bolas de bronce con líquidos espesos en tubos de vidrio. Los líquidos se usaban para medir la fuerza del terremoto. Cuando temblaba la tierra, el líquido de los tubos se movía. Cubría las paredes de los tubos de vidrio. Cuanto más fuerte era el terremoto, más alto llegaba el líquido en los tubos. Este sistema era mejor que las bolas de bronce, pero todavía se podía mejorar.

Otro problema que tenían los sismoscopios era que no podían registrar cuándo ocurría el terremoto. Se necesitaba un nuevo instrumento que fuera mejor que el sismoscopio.

Este mapa muestra la ubicación del sismoscopio de Zhang y el terremoto en la provincia de Gansu.

12

El terremoto más fuerte de la historia de Estados Unidos ocurrió en Alaska. Fue el 28 de marzo de 1964. Alaska ha sufrido más terremotos que cualquier otro estado.

En 1964, un terremoto que produjo olas de 30 pies de altura causó muchos daños en Alaska.

Sismógrafos

Los **sismógrafos** miden la fuerza de un terremoto. Algunas de las primeras versiones usaban un **péndulo**. Los terremotos hacían que el péndulo se balanceara. Los expertos medían cuánto se movía.

Hoy, la mayoría de los científicos usan sismógrafos digitales. Estos aparatos detectan los movimientos de la tierra. Muestran los movimientos en forma de líneas digitales en la pantalla de una computadora. Otras máquinas tienen un tambor grande con un papel. Estos sismógrafos usan un peso y una pluma cargada con tinta. Se colocan sobre el suelo. Cuando el suelo tiembla, la pluma se mueve. La pluma marca líneas en el rollo de papel.

Los sismógrafos trazan líneas que muestran la **intensidad** de un terremoto. Este registro se llama **sismograma**. Las líneas cortas muestran que el terremoto es pequeño. Las líneas largas muestran que el terremoto es grande. Los expertos usan estas líneas para conocer la **magnitud** del terremoto. A cada terremoto se le asigna una magnitud según una escala. Cuanta más energía se libera durante el terremoto, mayor es la magnitud.

un sismograma en la pantalla de una computadora

Este hombre observa las lecturas en el papel de un sismógrafo.

MATEMÁTICAS

Cómo medir la magnitud

La escala que se usa para medir los terremotos no es un instrumento. Es una fórmula matemática. Los expertos usan los datos sobre la intensidad de las ondas sísmicas. Esos datos se ingresan en una fórmula. Luego se determina la magnitud, o la fuerza.

Los peligros después de un terremoto

Los terremotos pueden ser peligrosos. A veces derriban estructuras y edificios viejos. Sin embargo, la mayoría de las muertes se deben a otros efectos de los terremotos. Los terremotos pueden desencadenar otros desastres peligrosos.

Incendios

En 1906, San Francisco sufrió un terremoto muy fuerte. Fue uno de los terremotos más destructivos de la historia. El terremoto en sí destruyó muchos edificios. Pero los incendios que comenzaron después del terremoto causaron más daños todavía.

Las tuberías de gas se rompieron. Rápidamente, el gas se liberó por el aire. Las chispas de los cables eléctricos que se habían caído encendieron el gas. Esto produjo muchos incendios en la ciudad. El terremoto también rompió cañerías de agua. Por lo tanto, los bomberos no tenían agua para apagar el fuego. Los incendios duraron tres días. Las llamas destruyeron unas tres cuartas partes de la ciudad.

Después del terremoto de San Francisco de 1906, los bomberos usaron dinamita para tratar de detener los incendios. Hicieron estallar edificios para crear un espacio entre las llamas. Pero las explosiones produjeron más incendios.

Réplicas

Después de un terremoto, suele haber más temblores a medida que la tierra se asienta. Estas réplicas generalmente son más pequeñas que el primer terremoto. Pero aun así pueden causar más daños. Pueden derribar edificios que fueron dañados por el terremoto inicial.

Tsunamis

Los terremotos también pueden causar tsunamis. Un tsunami empieza como una ola debajo del océano. La ola se hace cada vez más grande. ¡Puede llegar a medir de 15 a 30 metros (50 a 100 pies) de altura! Las olas pueden viajar rápido y pueden llegar lejos. Pueden avanzar a más de 724 km (450 mi) por hora en el agua profunda. Cuando llegan a la costa, hasta las olas bajas son tan potentes que pueden levantar carros y arrastrar casas y barcos.

Avalanchas

Los terremotos que ocurren cerca de las montañas pueden aflojar la nieve acumulada. La nieve se puede deslizar montaña abajo con mucha fuerza. A su paso suele enterrar a personas y objetos.

Esta camioneta quedó aplastada por la nieve durante una avalancha.

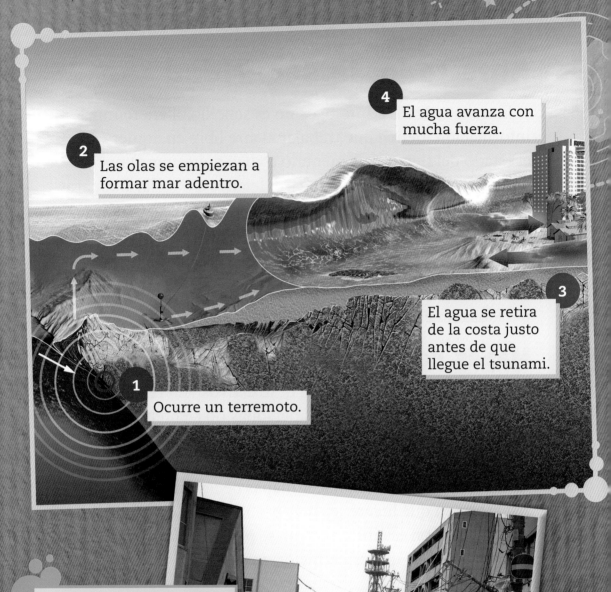

2 Las olas se empiezan a formar mar adentro.

4 El agua avanza con mucha fuerza.

3 El agua se retira de la costa justo antes de que llegue el tsunami.

1 Ocurre un terremoto.

Los terremotos que ocurren debajo del mar se llaman *maremotos*. Los tsunamis se forman cuando hay maremotos o cuando entra en erupción un volcán debajo del mar.

destrucción producida por un tsunami

Ante todo, la seguridad

El trabajo de los sismólogos no es sencillo. Para reunir información, tienen que trabajar al aire libre cualquiera sea el estado del tiempo. A menudo trabajan durante la noche. Tal vez tengan que viajar a lugares lejanos a instalar o reparar equipos. ¿Por qué trabajan tanto para registrar los temblores de la tierra? ¿Por qué es tan importante estudiar los terremotos?

Su objetivo principal es la seguridad de las personas. Al estudiar los terremotos, los sismólogos ayudan a evitar que las personas mueran o resulten heridas.

Mapas de las fallas geológicas

No todos los terremotos son destructivos. En realidad, todos los días hay temblores que las personas no sienten. Pero, aun así, para los científicos es crucial saber sobre esos temblores. Registrar los terremotos les permite saber qué lugares sufren más temblores. Pueden hacer mapas de las fallas geológicas. Así saben en qué lugares es más probable que ocurra un terremoto. Con esa información, se puede avisar a las personas con tiempo para que estén mejor preparadas.

Dos sismólogos analizan datos.

destrucción causada por un terremoto

La falla de San Andrés (arriba) se extiende a lo largo de la costa de California. San Francisco y Los Ángeles se acercan 5.08 cm (2 in) cada año porque las placas a lo largo de la falla se deslizan una contra la otra.

Un sistema de alerta

Los expertos saben *dónde* es probable que ocurran terremotos. Pero no saben *cuándo* ocurrirán. Tienen instrumentos que los ayudan a detectar temblores unos segundos antes de que sucedan. Pueden usar esa información para alertar a las personas.

El Servicio Geológico de Estados Unidos (USGS) creó un sistema que envía alertas antes de que empiece un temblor. El sistema funciona con sensores. Se llama ShakeAlert (alerta de temblores). El aviso puede llegar unos segundos o medio minuto antes de que empiece el temblor. La cantidad de tiempo depende de la distancia que existe entre las casas y el **epicentro** del terremoto. Pero hasta unos segundos pueden ser de ayuda. Dan tiempo a las personas para refugiarse.

El sistema está siendo evaluado en la costa oeste de Estados Unidos. Esa zona sufre muchos terremotos fuertes. Un grupo de personas está probando el sistema en California desde 2012. El USGS espera lanzarlo pronto al público en general.

Los científicos del USGS usan muchos instrumentos para predecir y monitorear terremotos.

Este aparato para monitorear terremotos funciona con energía solar.

ShakeAlert

California tiene unos 400 sensores del movimiento de la tierra cerca de las fallas conocidas. Los sensores detectan si tiembla el suelo. Luego, ShakeAlert envía un mensaje de alerta a los usuarios. El sistema sigue el curso de las ondas del terremoto. Indica cuánto tiempo falta para que las ondas lleguen hasta donde está el usuario. También predice la intensidad y la magnitud del terremoto.

Construir estructuras resistentes

Los edificios pueden ser peligrosos durante un terremoto. A veces, las estructuras viejas o mal construidas no logran mantenerse en pie. La fuerza de un terremoto puede ser demasiada. Es posible que los edificios se caigan. Las personas y las mascotas pueden quedar atrapadas.

Los arquitectos trabajan para construir estructuras que puedan resistir terremotos. Esos edificios se hacen de acero y hormigón. Tienen **cimientos** resistentes. El edificio Transamerica Pyramid está en San Francisco. Sus cimientos tienen 16 m (52 ft) de profundidad. Ha resistido muchos terremotos.

En la ciudad de México, se construyó un rascacielos que según los expertos podía soportar un terremoto de magnitud 8.5. En 2017, el edificio fue puesto a prueba. La ciudad sufrió un terremoto de magnitud 7.1. ¡El edificio resistió!

Los expertos también trabajan para **actualizar** edificios viejos. Reparan estructuras para que puedan resistir los terremotos. Se instalan amortiguadores en los edificios. Los amortiguadores controlan los movimientos que se producen en los cimientos.

el edificio Transamerica Pyramid en San Francisco, CA

cimientos

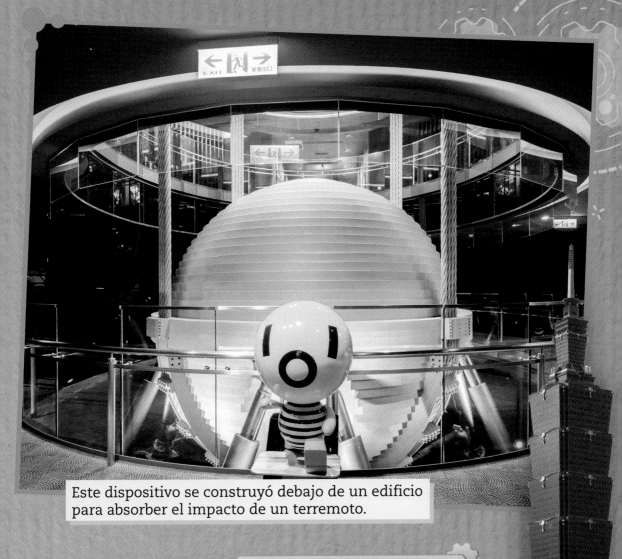

Este dispositivo se construyó debajo de un edificio para absorber el impacto de un terremoto.

INGENIERÍA

No tan rígidos

Los ingenieros diseñan los rascacielos altos para que resistan los terremotos. Tal vez pienses que los edificios son rígidos. ¡No lo son! Los ingenieros construyen los pisos más altos para que se muevan y se balanceen durante un terremoto. Este movimiento se puede ver a simple vista. Aunque esa flexibilidad puede asustarnos, impide que los edificios se partan y se derrumben.

Prepararse para uno grande

Estar preparados para un terremoto puede ser la diferencia entre la vida y la muerte. Nadie sabe cuándo puede ocurrir un terremoto grande.

Muchas escuelas hacen simulacros para que los estudiantes y los maestros sepan qué hacer si hay un verdadero terremoto. Aprenden a esconderse debajo de un escritorio o de una mesa para protegerse la cabeza.

Los bomberos y los policías también hacen simulacros. Aprenden a localizar a quienes quedaron atrapados después de un terremoto. Algunos hasta tienen perros entrenados para olfatear personas atrapadas bajo los escombros.

Muchas personas viven en lugares en los que puede haber terremotos. Deben tener a mano un equipo de emergencia para terremotos. Los equipos deben incluir botellas con agua. También deben contener linternas y mantas. Y deben tener alimentos **no perecederos** para todos los habitantes de la casa.

¿Vives en un lugar en el que puede haber terremotos? Si es así, ¡debes estar preparado!

perro de rescate

rescatistas

Los refugios para terremotos tienen grandes cantidades de alimentos y agua.

Aproximadamente la mitad de los usuarios de teléfonos celulares no saben de memoria el número de teléfono de sus familiares. Es bueno saber estos números en caso de que no funcione el servicio de teléfonos celulares durante una emergencia.

27

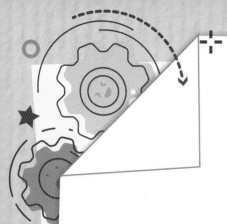

DESAFÍO DE CTIAM

Define el problema

¿Cómo puede un edificio proteger a las personas y sus propiedades durante un terremoto? Los ingenieros piensan en esta pregunta cuando diseñan edificios cerca de una falla. Tu tarea es diseñar y construir una estructura que pueda resistir un "terremoto". Durante el proceso, ¡descubrirás cómo intentan resolver este problema los ingenieros!

 Limitaciones: Tu estructura debe tener al menos dos pisos de altura. Debe poder soportar una bolsa pequeña de arena en cada piso.

 Criterios: Tu modelo debe superar la prueba de un temblor de 30 segundos.

Investiga y piensa ideas

¿De qué manera el movimiento de las placas de la Tierra causa un terremoto? ¿Cómo saben los científicos dónde puede haber terremotos? ¿Qué tipos de materiales se usan para construir edificios cerca de una falla?

Diseña y construye

Haz un bosquejo de tu diseño. ¿Qué propósito cumple cada parte de la estructura? ¿Qué materiales funcionarán mejor? Construye el modelo.

Prueba y mejora

Sacude tu modelo para ponerlo a prueba. ¿Funcionó? ¿Cómo puedes mejorarlo? Modifica tu diseño y vuelve a intentarlo.

Reflexiona y comparte

¿Podrías construir una estructura más alta? ¿Qué materiales podrían hacerla más resistente? ¿Qué otros tipos de fenómenos naturales tienen en cuenta los ingenieros cuando diseñan un edificio?

Glosario

actualizar: agregar a un objeto partes que no existían cuando fue construido

cimientos: estructuras de piedra u hormigón que soportan un edificio desde abajo

epicentro: un sitio en la superficie terrestre justo arriba del lugar donde comienza un terremoto

intensidad: la cantidad de fuerza que tiene algo

magnitud: un número que muestra la fuerza y la potencia de un terremoto

no perecederos: que no se pudren ni se echan a perder

péndulo: un palo o una cuerda que tiene un peso en la parte de abajo y que se mueve hacia atrás y hacia delante

placas tectónicas: bloques de la corteza terrestre que están partidos en secciones

sensible: capaz de sentir cambios muy pequeños

sismógrafos: aparatos que miden y registran el movimiento de la tierra durante un terremoto

sismograma: los datos que genera un sismógrafo

sismólogos: personas que estudian los terremotos

sismoscopio: un aparato que indica la dirección desde la que viene un terremoto

teoría: una explicación apoyada con evidencia de por qué sucede algo

Índice

¿Quieres estudiar los terremotos?
Estos son algunos consejos para empezar.

"Para entender los terremotos, necesitas estudiar geología. También debes tomar clases de física, matemáticas y ciencias de la computación. No todos los sismólogos estudian los terremotos. Algunos trabajan para las compañías petroleras y las empresas de gas y ayudan a hallar recursos energéticos en la tierra. Otros sismólogos estudian los volcanes y las erupciones volcánicas".
—**Benjamin Andrews, director, Programa de Vulcanismo Global**

"Algunos ingenieros diseñan edificios resistentes a los terremotos. Si este es un trabajo que te gusta, estudia arquitectura, matemáticas, física y dibujo técnico. Puedes combinar creatividad, ingeniería y ciencias. Y, lo que es más importante, ¡ayudarás a salvar vidas!". —**Sharon Park, directora asociada, Historia de la Arquitectura y Preservación Histórica**